Caroline Schnitzer, Elena Zharikova, Peter Schmid-Meil

Hausarbeiten und Abschlussarbeiten besser schreiben mit Word 2010

Zeit sparen und Nerven schonen beim Verfassen von Bachelor-, Master- und Seminararbeiten

GRIN Verlag

Bibliografische Information der Deutschen Nationalbibliothek:

Die Deutsche Bibliothek verzeichnet diese Publikation in der Deutschen National-
bibliografie; detaillierte bibliografische Daten sind im Internet über http://dnb.d-
nb.de/ abrufbar.

Impressum:

Copyright © 2015 GRIN Verlag GmbH
Druck und Bindung: Books on Demand GmbH, Norderstedt Germany
ISBN: 978-3-656-96291-5

Dieses Buch bei GRIN:

http://www.grin.com/de/e-book/298626/hausarbeiten-und-abschlussarbeiten-besser-
schreiben-mit-word-2010

GRIN - Your knowledge has value

Der GRIN Verlag publiziert seit 1998 wissenschaftliche Arbeiten von Studenten, Hochschullehrern und anderen Akademikern als eBook und gedrucktes Buch. Die Verlagswebsite www.grin.com ist die ideale Plattform zur Veröffentlichung von Hausarbeiten, Abschlussarbeiten, wissenschaftlichen Aufsätzen, Dissertationen und Fachbüchern.

Besuchen Sie uns im Internet:

http://www.grin.com/

http://www.facebook.com/grincom

http://www.twitter.com/grin_com

Hausarbeiten und Abschlussarbeiten besser schreiben mit Word 2010

Zeit sparen und Nerven schonen beim Verfassen von Bachelor-, Master- und Seminararbeiten

Autoren:
Caroline Schnitzer,
Elena Zharikova,
Peter Schmid-Meil

Inhaltsverzeichnis

Vorwort

Semesterende. Die Referate sind gehalten, die heiße Klausurenphase ist vorbei, die Ferien können kommen – wäre da nicht dieses leidige Thema: Hausarbeiten. Oder schlimmer weil länger: die Abschlussarbeit. Auf jeden Fall das Grauen jedes Studenten, der schon während des Semesters genug Zeit mit Bibliotheksbesuchen und Bücherwälzen verbracht hat. Eigentlich möchte man nur seine freien Tage genießen, oder wenigstens nicht zu viel Zeit in diese leidigen Arbeiten stecken.

Denn alleine mit dem Bücherlesen und Texteschreiben ist es nicht getan. Der wirkliche Stress entsteht meist erst kurz bevor die Deadline naht, und der letzte Nerv zerreißt nicht etwa an der fehlenden Literatur, sondern an irgendwelchen gemeinen Kleinigkeiten, die überraschend viel Zeit fressen. So zum Beispiel wenn man erkennt, dass die Seitenzahlen, die man doch erst am Tag zuvor so mühevoll herausgesucht und ins Inhaltsverzeichnis übertragen hat, nach dem letzten Feinschliff am Text auf einmal nicht mehr mit den Seiten der Überschriften in der Arbeit übereinstimmen. Auch das neue Kapitel beginnt plötzlich nicht mehr schön am Anfang einer neuen Seite, sondern ist irgendwo in die Mitte gerutscht. Und wo sind überhaupt die Bildbeschreibungen hin?

Der richtige „Spaß" beginnt also eigentlich erst mit der Formatierung der Inhalte!

Doch Probleme wie die oben genannten lassen sich leicht vermeiden, falls man sich mit den Funktionen seines Schreibprogramms auskennt. Denn so ein Programm ist deutlich mehr als ein digitales Stück Papier, das man beschriften kann. Und hat man sich erst einmal durch den Wust an Reitern und Registern gekämpft und von Anfang an mit Formatvorlagen und den richtigen Befehlen gearbeitet, kann man dem Abgabetermin entspannt entgegen sehen. Denn dann muss man nicht selbst stundenlang Seiten, Abbildungen, Verzeichnisse, Fußnoten und was sonst noch anfällt zählen, nummerieren und formatieren, sondern lässt Word diese lästige Arbeit erledigen. Das spart jede Menge Zeit und schont gleichzeitig die Nerven.

Also dann mal los!

1 Zeit sparen und Ärger vermeiden

1.1 Neben dem Inhalt zählt auch die Form einer Arbeit

Selbstverständlich ist bei wissenschaftlichen Arbeiten vor allem der Inhalt von Bedeutung, aber trotzdem ist die äußere Form für die Verständlichkeit und nicht zuletzt die Note wichtig. Kein Dozent freut sich über schlecht formatierte Hausarbeiten, falsche Inhaltsverzeichnisse oder fehlerhafte Titelblätter.

Dieser Ratgeber gibt nicht nur hilfreiche Tipps, welche Word-Funktionen besonders wichtig sind, sondern erklärt auch Schritt für Schritt, wie du sie einsetzt. Verdeutlicht wird die Beschreibung durch eine Reihe von Screenshots aus Microsoft Word 2010.

1.2 Die 5 wichtigsten Word-Funktionen im Überblick

1. Formatvorlagen

Formatvorlagen sind unverzichtbar, denn sie sparen viel Zeit! Einmal eingerichtet, lassen sich so ganze Textteile mit einem Klick formatieren.

2. Umbrüche

Zeilen- und Seitenumbrüche sind nützliche Werkzeuge, wenn es darum geht, bestimmte Textteile separat zu formatieren.

3. Automatische Verzeichnisse

Sie sparen dir enorm viel Arbeit und du kannst sie samt Seitenzahlen blitzschnell aktualisieren.

4. Hyperlinks

Mit Hyperlinks kannst du auf Websites verweisen, die dann direkt aus dem Dokument heraus aufgerufen werden.

5. Abbildungen und Tabellen

Bilder und Tabellen vereinfachen vor allem die Darstellung komplizierter Ergebnisse. Ihr Einbau in Word ist manchmal etwas schwierig, deswegen erklären wir ihn hier ausführlich.

2 An die Arbeit!

2.1 Erste Vorbereitung: Seite einrichten und Seitenlayout festlegen

Bevor es an die Textarbeit geht, solltest du die passenden Rahmenbedingungen festlegen. Das kostet dich zwar ein paar Minuten, spart dir aber später Stunden – versprochen!

Am besten legst du als Erstes fest, wie die Seiten aussehen sollen. Also welches Seitenformat es sein soll (meistens DIN A4), wie groß du die Seitenränder haben möchtest usw.

Auf der Registerkarte *Seitenlayout* findest du alle nötigen Einstellungsmöglichkeiten, um die Dokumentseiten nach deiner Vorstellung zu gestalten.

Seitenränder und Ausrichtung festlegen

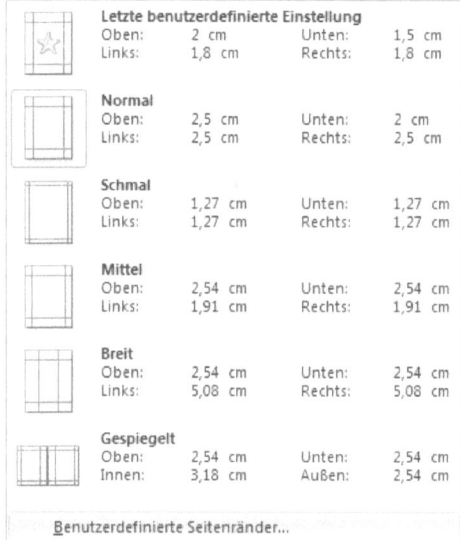

Abbildung 1: Seitenränder selbst einstellen

Unter dem Menüpunkt *Seitenränder* in der Gruppe *Seite einrichten* hast du die Möglichkeit, benutzerdefinierte Einstellungen vorzunehmen. Weiter unten kommst du per Klick auf *Benutzerdefinierte Seitenränder* zu weiteren Einstellungen, die man an dieser Stelle gar nicht vermuten würde.

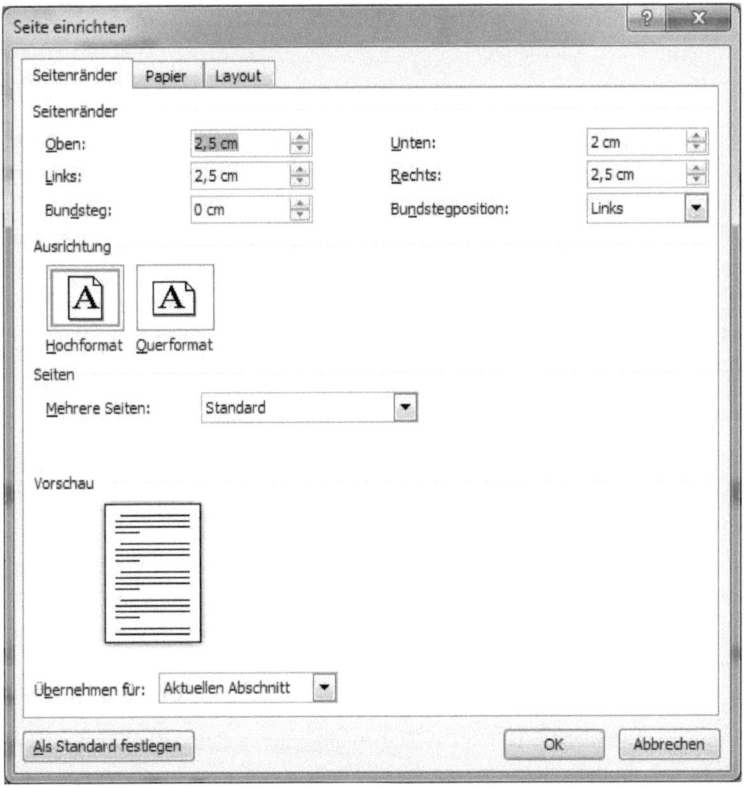

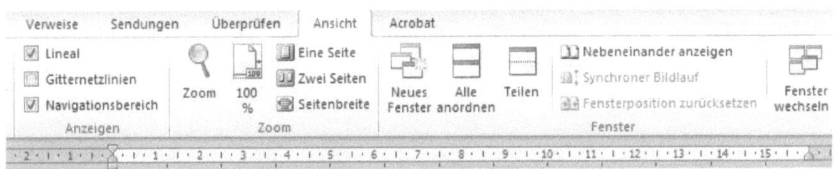

Abbildung 2: Seitenlayout manuell einstellen

Hier kannst du neben den bevorzugten Maßen auch zwischen Hoch- und Querformat wählen – sowie deine eigenen Einstellungen auf das ganze Dokument oder den aktuell gewählten Abschnitt anwenden.

Du kannst die Seitenränder auch über das Lineal anpassen, indem du auf dem Reiter *Ansicht* bei der Option *Lineal* ein Häkchen setzt. In dem nun eingeblendeten Lineal-Rahmen lassen sich die Ränder an den Ecken mit gedrückter Maustaste verschieben. Der Cursor verwandelt sich dabei in einen Doppelpfeil.

Abbildung 3: Einblenden der Lineal-Ansicht

Dies kann auch hilfreich sein, um einzelne Abschnitte manuell einzurücken – dafür gibt es allerdings bessere Alternativen.

Tipp:

Höhere Semester werden es wissen: Gerade die Einstellung der Seitenränder muss meist den spezifischen Vorgaben des Prüfungsamts oder Korrektors entsprechen. Welcher Korrekturrand erwünscht ist und wie der Seitenaufbau gestaltet werden soll, wird oftmals genau festgelegt. Solltest du mehrere Arbeiten mit demselben Layout aufbauen wollen, empfiehlt es sich, hierfür eine eigene Dokumentvorlage zu erstellen, die dir die ganze Seiteneinstellungs- und Formatierungsarbeit weitgehend abnimmt (siehe Punkt 2.3). So kannst du dich schneller dem eigentlichen Hauptteil der Arbeit widmen: dem Schreiben.

Einzüge erstellen

Für die gelungene Strukturierung einer wissenschaftlichen Arbeit sind Einzüge praktisch. So lassen sich längere Zitate, Aufzählungen, Listen und ähnliche Textteile eindeutig vom Haupttext abgrenzen.

In langen Texten werden auch Absatzanfänge gerne durch Einzüge abgesetzt: Entweder kannst du hierbei nur die erste Zeile eines Absatzes einrücken oder alle übrigen Zeilen eines Absatzes außer der ersten vom Rand wegbewegen. Letzteres wird auch *hängender Absatz* genannt.

An der "Sanduhr", die sich links am eingeblendeten Lineal befindet, lassen sich markierte Absätze verschieben: Durch das Ziehen am unteren Rechteck rückst du den ganzen Absatz ein; da das obere Dreieck für die erste Zeile verantwortlich ist, sorgt das untere Dreieck so für einen *hängenden Absatz*.

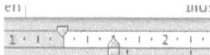

Abbildung 4: Hier wurde ein hängender Absatz eingefügt.

Einzelne Absatzeinzüge kannst du auch problemlos über die Schaltflächen in der Gruppe *Absatz* auf der Registerkarte *Seitenlayout* einstellen, wo du die Maße auf den Millimeter genau angeben kannst.

Bei *Abstand* hast die hier die Gelegenheit, für den ausgewählten Absatz die Abstände zu den übrigen Absätzen festzulegen. Ein Klick auf den Pfeil in der unteren rechten Ecke führt dich in das erweiterte Menü.

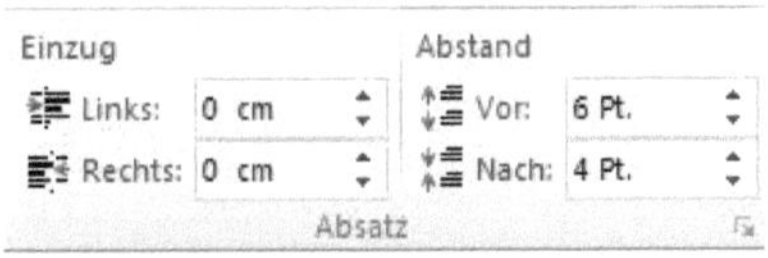

Abbildung 5: Absätze einrücken und voneinander abgrenzen

Diese beiden Möglichkeiten funktionieren schnell und intuitiv – gerade für die Formatierung einer wissenschaftlichen Arbeit gibt es aber eine weitaus elegantere und vor allem präzisere Methode: Da sich einzelne Textabschnitte und Strukturen oft wiederholen, empfiehlt es sich hier, gleich von Anfang an mit festgelegten Formatvorlagen zu arbeiten. Damit erhalten sowohl die Standardabsätze im Fließtext als auch häufig eingeschobene Textteile wie längere Zitate ein einheitliches, sauberes Erscheinungsbild (s. Punkt 2.4). Und es spart enorm viel Zeit!

2.2 Titelseite

Die Titelseite einer Arbeit präsentiert das Thema und fasst zusammen, an welchem Institut und in welchem Kontext die Arbeit geschrieben wurde. Sie nennt somit auch die wichtigsten Angaben zu Betreuer, Verfasser und Seminar. Doch auch hier können – je nach Universität und Institut – individuelle Einstellungen nötig sein.

Im Folgenden zeigen wir dir einen typischen Entwurf für eine Titelseite, der die wichtigsten Angaben abdeckt.

Ludwig- Maximilians-Universität München

Institut für Deutsche Philologie

Proseminar: Visualität –

Phänomene der Sichtbarkeit und der Sichtbarmachung

Dozent: Max Mustermann

Thesenpapier von Sophie Mustermann

Sommersemester 2014

„Ansehen"

Untersuchung der Bedeutungsveränderung des Begriffs
in der Literatur des Mittelalters

Abgabedatum: 21.08.2014

Sophie Mustermann

6. Fachsemester

HF: Germanistik

NF: Sprache, Literatur, Kultur

Matrikelnummer: 00000000

Anschrift: Universitätsstraße 1

80637 München

Telefon: 123 45678

Folgende Angaben müssen auf der Titelseite einer wissenschaftlichen Arbeit in der Regel erscheinen:

- Thema der Arbeit, Abgabedatum, Name des Seminars / Arbeitsart, Name des Seminarleiters / Betreuers

- Name des Verfassers sowie persönliche Angaben (Anschrift, Kontaktdaten, Fachsemester, Fächerverbindung, Matrikelnummer etc.)

Übrigens:

Ein zusätzliches Extra ist in diesem Beispieltitelblatt das Logo der Uni; unter Umständen hat deine Universität eine passende Vorlage für Studenten.

Um eine Titelseite vor einem bereits geschriebenen Text einzufügen, gehst du mit dem Cursor an den Dokumentbeginn und wählst auf der Registerkarte *Einfügen* die Schaltfläche *Leere Seite*.

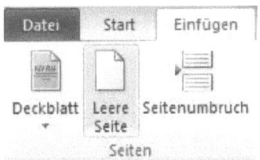

Abbildung 6: Leere Seite einfügen

Somit rutscht dein Text um eine Seite nach unten, der Übergang zur nächsten Seite wird mit einem Seitenumbruch markiert. Um nun alle Angaben übersichtlich auf dem Titelblatt unterzubringen, ist es unverzichtbar, mit den Absatzformaten zu arbeiten (s. Punkt 2.4), mit deren Hilfe man den Text links- bzw. rechtsbündig oder mittig ausrichten kann. Wie du das Titelblatt ohne Seitenzahl einfügst, zeigen wir dir im Kapitel 4.3 bzw. 4.7.

Tipp:

Wer gleich loslegen will, kann seinen Text auch in einer dafür passenden Deckblatt-Vorlage von Word unterbringen. Diese findest du auf der Registerkarte *Einfügen* ganz links unter *Deckblatt*.

Abbildung 7: Word-Vorlagen für die Titelseite

2.3 Dokumentvorlagen erstellen

Unabhängig davon, ob du Arbeiten bei jeder Abgabe nach spezifischen Institutsvorgaben formatieren sollst oder deinen Handouts für Präsentationen deine eigene "Handschrift" verleihen willst – sobald du für mehrere Dokumente ein und dasselbe Grundgerüst benötigst, ist eine Dokumentvorlage eine sinnvolle Lösung, die Arbeitszeit spart. Sie enthält von Anfang an alle Einstellungen, die du benötigst.

So geht das Anlegen einer neuen Vorlage:

Auf der Registerkarte *Datei* wählst du unter dem Menüpunkt *Neu* den Punkt *Meine Vorlagen*. Im neu geöffneten Fenster wählst du links ein *Leeres Dokument* und aktivierst dazu rechts unten die Option *Vorlage*.

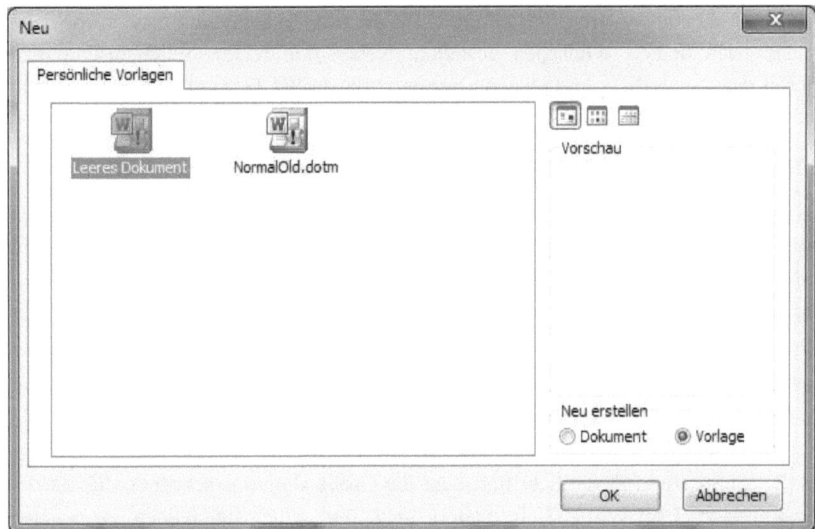

Abbildung 8: Neue Dokumentvorlage erstellen

Nun kannst du die neue Dokumentvorlage abspeichern. Der Vorlagen-Dateityp ***.dotx** ist hierbei bereits vorausgewählt. Du musst nur noch der Vorlage selbst einen Namen geben. Im Dialogfenster wird dir automatisch der Vorlagenordner *Templates* als Speicherort angezeigt.

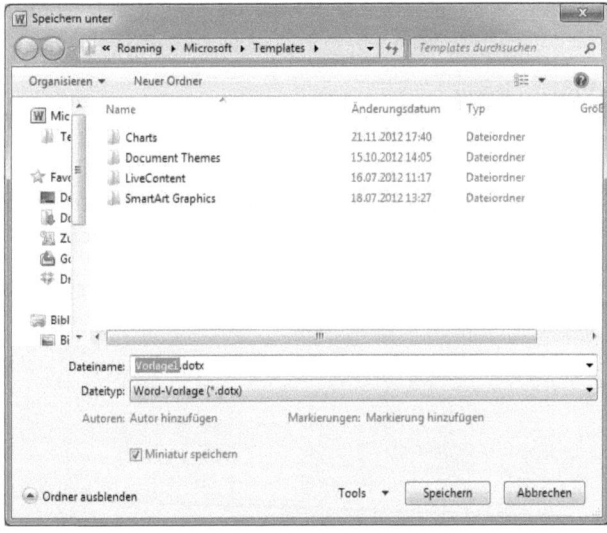

Abbildung 9: Abspeichern der Dokumentvorlage

Nun kannst du alle weiteren Einstellungen für die neue Dokumentvorlage vornehmen und sie nach deinen Wünschen gestalten. Neben den reinen Seiteneinstellungen gehören dazu auch die verschiedenen Formatvorlagen für Texte, Tabellen, Fußnoten usw.

2.4 Formatvorlagen vorbereiten, anpassen und verwenden

Formatvorlagen sind für schnelles Arbeiten unverzichtbar, gerade bei akademischen Texten. Durch Formatvorlagen kannst du jeden Texttyp, der in deiner Arbeit wiederholt auftritt, nach deinen Vorstellungen blitzschnell formatieren – so beispielsweise den Fließtext, die Überschriften, Aufzählungen, Texte in Tabellen oder längere Zitat-Einschübe.

Über diese Formatvorlagen lassen sich zentral alle wichtigen Formateinstellungen ändern und speichern. Hierbei werden deine Änderungen im Anschluss sofort für alle Textteile in deiner Arbeit übernommen, die der jeweiligen Formatvorlage zugeordnet sind. So kannst du z. B. die Schriftart oder die Größe aller Überschriften, die mit der Formatvorlage *Überschrift 1* formatiert sind, mit einer einmaligen Anpassung gleichzeitig ändern. Sehr praktisch!

Darüber hinaus greifen andere unverzichtbare Funktionen wie das Inhaltsverzeichnis-Menü auf im Text angelegte Formatvorlagen zurück, um beispielsweise aus allen Textteilen, die als Kapitelüberschriften definiert wurden, eine automatische Gliederung zu erstellen.

Wir zeigen dir hier zunächst, wie du auf das Formatvorlagen-Menü zugreifst, Vorlagen anpasst und damit deine Überschriften bzw. Teile deiner Arbeit formatierst.

Formatvorlagen – die Vorbereitung

Das Formatvorlagen-Menü findest du auf der Registerkarte *Start*. Das, was du im aufgeklappten Fenster beim Menüpunkt *Formatvorlagen* siehst, ist das Menü der Schnellformatvorlagen – es gibt aber insgesamt noch viel mehr Vorlagen zur Auswahl: Blende sie mit einem Klick auf den Pfeil rechts unter *Formatvorlagen ändern* ein.

Nun zeigt dir eine zusätzliche Spalte am Seitenrand des Dokuments eine lange Liste von Formatvorlagen an.

Abbildung 10: Liste aller verfügbaren Formatvorlagen

Tipp:

Mit dem Klick auf die *Optionen* unten rechts bestimmst du, was genau in dieser Liste angezeigt werden soll: Empfehlenswert ist es, zu Beginn der Arbeit einen Blick auf *Alle Formatvorlagen* zu werfen; hier siehst du gleich, welche Möglichkeiten dir zur Verfügung stehen. Im weiteren Verlauf ist die Liste der *verwendeten Formatvorlagen* hilfreich; hier kannst du sofort sehen, welche Vorlagen bereits im Dokument verwendet worden sind und wo sie angewendet wurden.

Abbildung 11: Anzuzeigende Formatvorlagen auswählen

Sobald du den Cursor auf einen Eintrag aus der Vorlagenliste bewegst, erscheint rechts vom Vorlagen-Namen ein Pfeil-Button, mit dem du zu einem Dropdown-Menü kommst. Hier kannst du alle Absätze, die dieser Formatvorlage zugeordnet sind, im Text sichtbar machen. Außerdem kannst du hier die Formatierung für die Vorlage nach Belieben ändern und anpassen.

Formatvorlagen-Beispiel 1: Überschriften formatieren

Zu den Formatvorlagen für Überschriften kommst du über die Liste aller verfügbaren Vorlagen; einige sind im Menü für den Schnellzugriff bereits angelegt.

Die Vorlagen sind bereits absteigend nach Gliederungsebene geordnet: *Überschrift 1* entspricht daher meist der Gliederungsebene 1 für Hauptüberschriften; *Überschrift 2* ist für die nächstniedrigere Gliederungsebene gedacht usw.

Fährt man mit der Maus über die Formatvorlagen in der Liste, erscheint eine Schnellansicht der jeweiligen Formatierungseinstellungen.

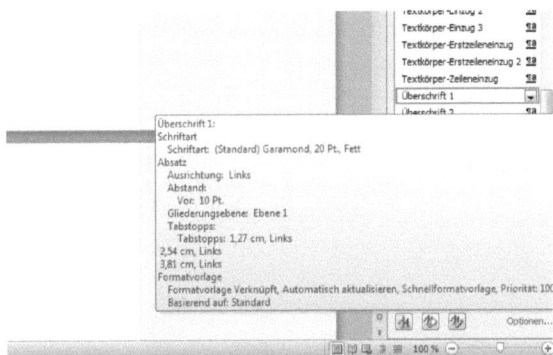

Abbildung 12: Formatierungseinstellungen im Schnellüberblick

Klicke rechts auf den Pfeil-Button und dann auf *Formatvorlage Ändern...*, um zum vollständigen Menü zu gelangen. Hier bieten sich dir die vielfältigsten Möglichkeiten der Formatierung: von der Wahl der Zeilenabstände, Schriftart und -größe bis zu Einzügen. In der Vorschauansicht werden dir die Auswirkungen der Änderungen angezeigt.

Über das Menü *Format* links unten kannst du vielfache weitere Optionen wählen – so zum Beispiel auch eine automatische Nummerierung.

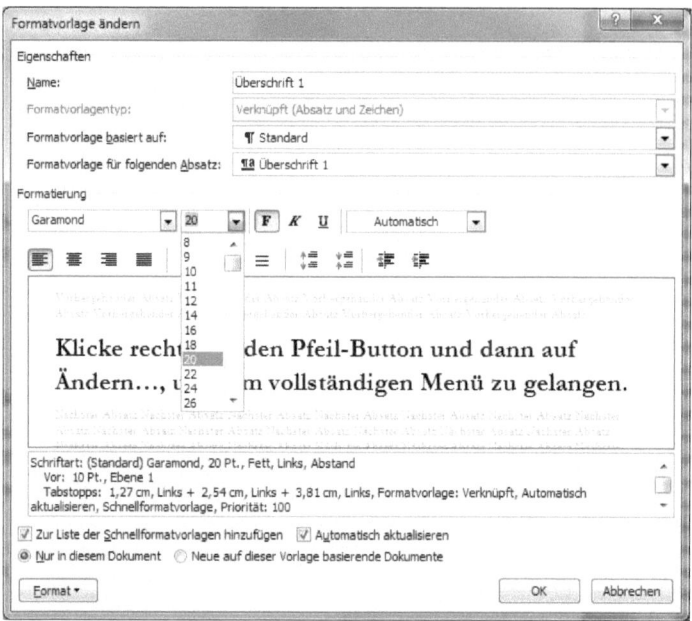

Abbildung 13: Menü zur Bearbeitung der Vorlage "Überschrift 1"

Übrigens:

Hier kannst du auch Vorlagen, auf die du schnelleren Zugriff haben möchtest, zum Schnellformatvorlagen-Katalog hinzufügen. Setze dafür einfach das Häkchen bei *Zur Liste der Schnellformatvorlagen hinzufügen*. Sobald das Häkchen rechts daneben bei *Automatisch aktualisieren* aktiviert ist, werden alle Änderungen in diesem Menü sofort in alle mit dieser Formatvorlage versehenen Absätze übernommen. Hast du alle gewünschten Einstellungen mit OK bestätigt, geht es zur Anwendung im Text.

Formatvorlagen anwenden

Markiere die gewünschte Textstelle – zum Beispiel eine Hauptüberschrift der Ebene 1 – und klicke einmal auf den Formatvorlagen-Namen in der Liste rechts oder im Schnellzugriff oben; die Änderungen werden sofort umgesetzt. Entsprechend kannst du bei jeder Unterüberschrift vorgehen und diese durch die Formatvorlagen wie *Überschrift 2, Überschrift 3, Überschrift 4* usw. der jeweils nächstniedrigeren Ebene zuweisen.

Bis zur Unterüberschrift vierten Grades geht das auch bequem mit Shortcuts: Drücke, nachdem du eine Überschrift markiert hast, *Alt + 1*, *2*, *3* oder *4* für die entsprechenden Ebenen – mehr ist selbst in akademischen Texten in den meisten Fällen zu viel des Guten.

Hast du alle Überschriften sauber mit den Formatvorlagen ausgezeichnet, sind diese nicht nur einheitlich formatiert, sie können nun auch problemlos ins automatische Inhaltsverzeichnis aufgenommen werden. Wie das funktioniert, erfährst du im nächsten Kapitel.

Neue Formatvorlagen erstellen

Um eine neue Formatvorlage zu erstellen, klickst du links unten in der Formatvorlagen-Liste auf den Button *Neue Formatvorlage*. Hier kannst du alle Einstellungen von Grund auf neu vornehmen und deiner Formatvorlage einen eigenen Namen geben: die Vorlage taucht anschließend in der Liste aller verfügbaren Vorlagen auf.

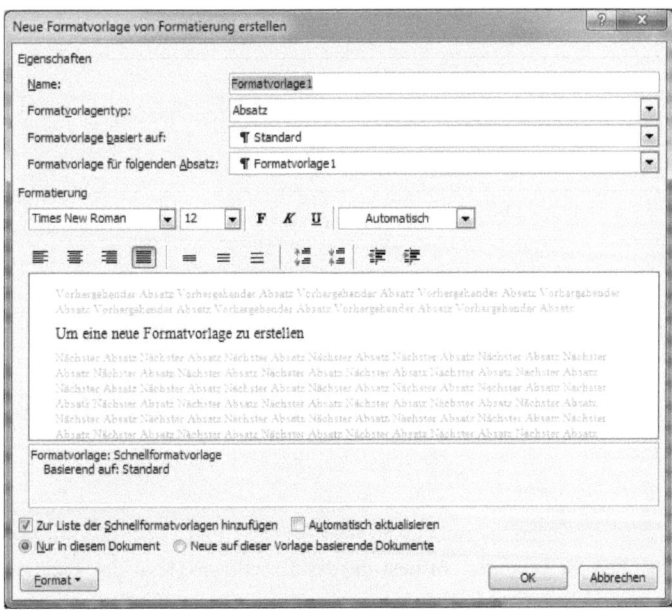

Abbildung 14: Neue Formatvorlage anlegen

3 Verzeichnisse

3.1 Automatisches Inhaltsverzeichnis erstellen und aktualisieren

Wenn du deine Überschriften mit den passenden Formatvorlagen versehen hast, ist auch das Erstellen eines Inhaltsverzeichnisses ganz einfach; alle nötigen Einstellungen findest du auf der Registerkarte *Verweise* in der Gruppe *Inhaltsverzeichnis*.

Dort kannst du ein Inhaltsverzeichnis einfügen und entfernen sowie zwischen verschiedenen Verzeichnis-Layouts wählen.

Abbildung 15: Inhaltsverzeichnis einfügen

Um in die Ansicht oben zu gelangen, öffnest du das Dropdown-Menü des Punktes *Inhaltsverzeichnis* und klickst auf *Inhaltverzeichnis einfügen*. Die wichtigsten Einstellungen sind die Auswahl der angezeigten Überschriftebenen, das Format des Inhaltsverzeichnisses sowie die Entscheidung, ob Seitenzahlen angezeigt werden sollen oder nicht. Weitere Einstellungsmöglichkeiten sind die Auswahl der Füllzeichen zwischen Text und Seitenzahl und die Platzierung der Seitenzahlen (rechtsbündig).

Abbildung 16: Inhaltsverzeichnis formatieren

Für die meisten wissenschaftlichen Arbeiten ist es sinnvoll, eine schlichte Darstellung mit rechtsbündigen Seitenzahlen zu wählen. Außerdem sollten alle Überschriftenebenen dargestellt werden, da diese eine Orientierungshilfe darstellen, was letztlich auch der Prüfer zu schätzen weiß.

Tipp:

Falls du deine Überschriften sorgfältig formatiert hast, das Inhaltsverzeichnis aber dennoch Einträge enthält, die du nicht vorgesehen hattest (z.B. den Titel), oder aber Überschriften fehlen, kannst du unter *Optionen* nachprüfen, welche Formatvorlagen in dein Inhaltsverzeichnis aufgenommen werden. Scrolle die Liste der Vorlagen sicherheitshalber komplett durch, um sicherzugehen, dass auch wirklich nur die gewünschten Überschriftsvorlagen ins Inhaltsverzeichnis übernommen werden.

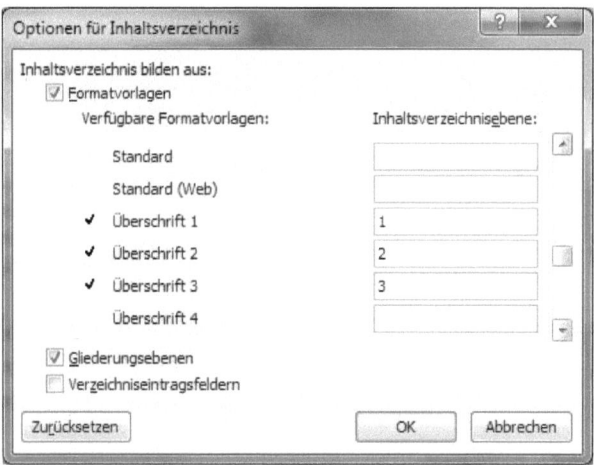

Abbildung 17: Formatvorlagen-Zuordnung zum Inhaltsverzeichnis

3.2 Abbildungsverzeichnis, Tabellenverzeichnis

Viele wissenschaftliche Arbeiten enthalten sowohl Tabellen als auch Abbildungen, für die es bei Bedarf eigene Verzeichnisse gibt. Wie bei den Überschriften gilt es auch hier, von Anfang an mit den richtigen Formatvorlagen zu arbeiten, um diese Verzeichnisse automatisch erstellen zu lassen.

Beschriftungen einfügen

Um eine Tabelle oder eine Grafik zu beschriften, musst du diese lediglich mit einem Rechtsklick auswählen und dann auf den Menüpunkt *Beschriftung einfügen* klicken.

Abbildung 18: Beschriftung einfügen

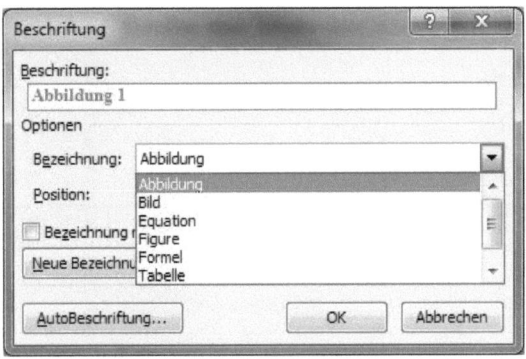

Abbildung 19: Bezeichnung auswählen

Danach kannst du im Dropdown-Menü *Bezeichnung* auswählen, um was es sich genau handelt. Diese Auswahl ist besonders wichtig für das Erstellen der Verzeichnisse, da auf diese Bezeichnungen zurückgegriffen wird. Weitere mögliche Einstellungen sind die Position der Beschriftung und die Option, die Beschriftungsbezeichnung nicht zu verwenden, sondern nur den Titel anzuzeigen. Wir empfehlen für wissenschaftliche Arbeiten eine Beschriftung mit Bezeichnung. Falls du eine Bezeichnung verwenden willst, die nicht vorhanden ist, kannst du diese unter *Neue Bezeichnung* ergänzen.

Tipp:

Verwende in deinem kompletten Text einheitliche Bezeichnungen für deine Abbildungen und Tabellen, sonst kann Word später das Verzeichnis nicht automatisch zusammenbauen.

Abbildungs- und Tabellenverzeichnis erstellen

Wähle den Menüpunkt *Abbildungsverzeichnis einfügen* auf der Registerkarte *Verweise*.

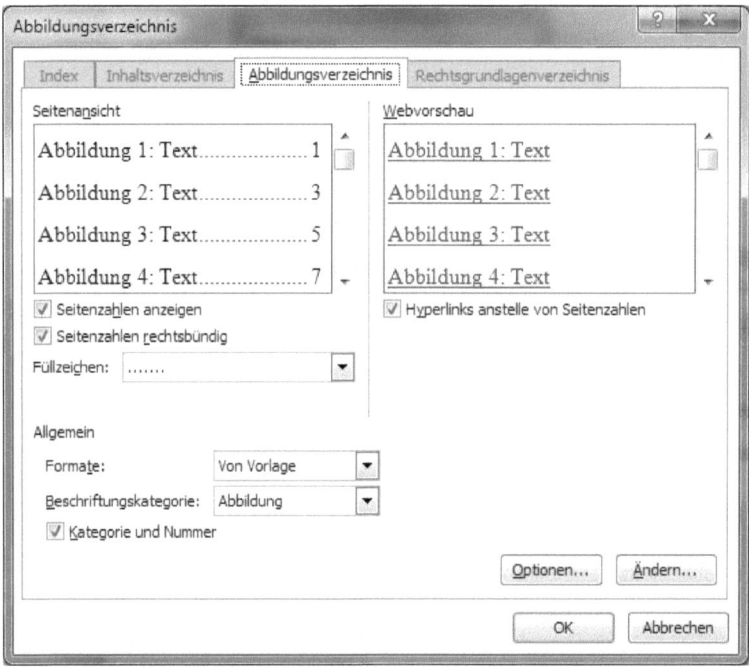

Abbildung 20 Abbildungsverzeichnis einfügen

Die grundsätzlichen Einstellungen sind denen des Inhaltsverzeichnisses sehr ähnlich (vgl. 3.1). Wichtig ist besonders die richtige Auswahl der Beschriftungsebene. Hier kannst du auch festlegen, ob Tabellen oder Abbildungen aufgenommen werden sollen.

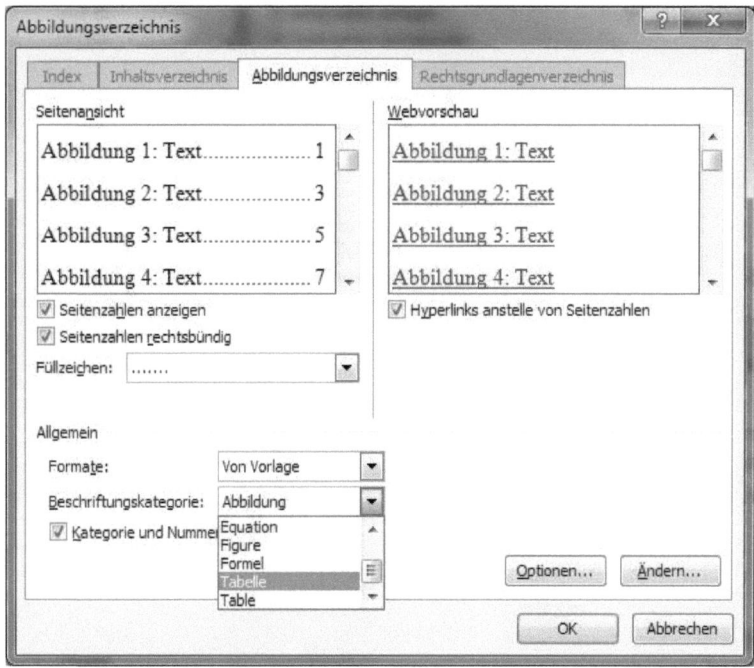

Abbildung 21 Beschriftungskategorie auswählen

Das gesetzte Häkchen bei *Kategorie und Nummer* hat Einfluss darauf, welche Informationen in das Verzeichnis aufgenommen werden. Wird das Häkchen entfernt, ist nur noch der Name enthalten, die Kategorie und die Nummer fallen weg.

Tipp:

Falls es zu Problemen kommt, kann unter Umständen das Fenster *Optionen* weiterhelfen. Dort kannst du festgelegen, welche Formatvorlagen in die Verzeichnisse aufgenommen werden sollen. Ist hier das Häkchen bei Formatvorlage gesetzt und zum Beispiel fälschlicherweise *Standard* gewählt, führt das zu gravierenden Problemen.

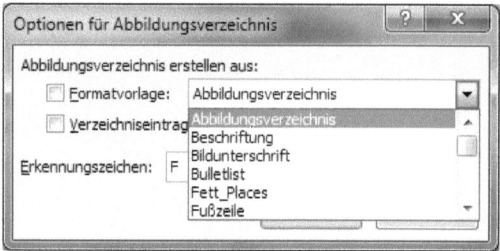

Abbildung 22: Optionen für Abbildungsverzeichnis

4 Das Einmaleins der Formatierung

4.1. Die Basics: Fett, kursiv & Co.

Jetzt aber endlich ran an den Text! Wie schaffst du es, dass deine Arbeit informativ ist und gleichzeitig gut aussieht? Alles, was du hierfür zunächst brauchst, findest du auf dem Reiter *Start* in den Gruppen *Schriftart* und *Absatz*.

Zunächst in Kürze zu den Auszeichnungsformaten für Texte: Neben den Einstellungen zu Schriftarten und -größen findest du hier die Schaltflächen, um markierte Stellen zu kursivieren, zu unterstreichen oder zu fetten. Daneben sitzen drei weitere Funktionen, mit denen du Text hoch und tief stellen kannst, was z. B. für mathematische oder chemische Formeln notwendig ist.

Abbildung 23: Schriftarten und Absätze formatieren

All diese Formatierungen lassen sich auch per Shortcut umsetzen, das geht schneller als das Klicken mit der Maus:

Formatierung	Tastenkürzel
Fett	Strg + Umschalt + F
Kursiv	Strg + Umschalt + K
Unterstrichen	Strg + Umschalt + U
Tiefgestellter Text	Strg + #
Hochgestellter Text	Strg + +

Genauso gibt es praktische Shortcuts für die daneben liegenden Funktionen zur Absatzformatierung:

Textausrichtung	Tastenkürzel
Linksbündig	Strg + L
Zentriert	Strg + E
Rechtsbündig	Strg + R
Blocksatz	Strg + B

Typischerweise verfasst man akademische Arbeiten im Blocksatz; gleich daneben kannst du den gewünschten Zeilenabstand für deinen Text einstellen, der bei wissenschaftlichen Texten üblicherweise 1,5 beträgt.

Tipp:

Am besten legst du die gewünschten Standard-Einstellungen zu Ausrichtung und Zeilenabstand gleich zu Anfang einfach in der Formatvorlage *Standard* fest, dann brauchst du dich später nicht mehr darum kümmern.

4.2 Nummerierungen und Aufzählungen

Wichtige Mittel zur Strukturierung sind Listen und Aufzählungen; die Buttons hierfür befinden sich gleich über den Schaltflächen zur Absatzformatierung. Sowohl bei Aufzählungszeichen als auch bei Nummerierungen ist es möglich, das Erscheinungsbild aus mehreren Optionen auszuwählen. Mit einem Klick auf den rechten Pfeil gelangst du zur Bibliothek der Aufzählungszeichen.

Abbildung 24: Auswahlmöglichkeiten für Aufzählungszeichen

Abbildung 25: Auswahlmöglichkeiten für Nummerierungen

Sollte das, was du suchst, nicht vorhanden sein, kannst du auf den unteren Schaltflächen weitere Grafiken aus dem Fundus der Sonderzeichen zur Aufzählungszeichenbibliothek hinzufügen – oder deine eigens formatierte Nummerierung erstellen. Hier bestimmst du selbst das Zahlenformat, die Ausrichtung sowie Schriftart und -größe.

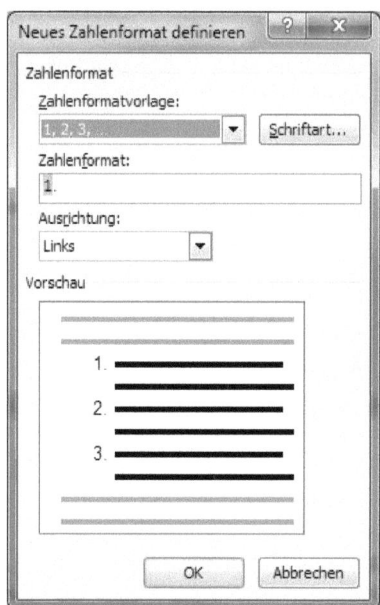

Abbildung 26: Eigene Nummerierungsarten definieren

Tipp:

Möchtest du das Aussehen vorhandener Nummerierungen oder Aufzählungen nachträglich verändern, genügt ein Rechtsklick auf die angewählten Aufzählungszeichen; im Dropdown-Menü kommst du schnell zu den gewünschten Punkten.

4.3 Kopf- und Fußzeile: Seitenzahlen und andere feste Seitenelemente

Seitenzahlen gehören idealerweise in die Kopf- oder Fußzeile eines Word-Dokuments. Und zwar nicht manuell für jede Seite, sondern als Funktion, die automatisch die Seiten nummeriert.

Gehe dazu im Reiter *Einfügen* ins Menü *Kopf- und Fußzeile* und wähle den Punkt *Seitenzahl*; über das Dropdown-Menü kannst du die gewünschte Position anwählen und die Optik festlegen. Hier lassen sich auch bereits eingesetzte Seitenzahlen mit einem Klick entfernen.

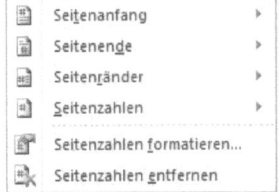

Abbildung 27: Seitenzahlen nach Wunsch platzieren

Der Punkt *Seitenzahlen formatieren* erlaubt dir einige interessante Funktionen: Falls du die Formatvorlagen der Überschriften richtig gesetzt hast, kannst du hier auch die einzelnen Kapitelnummern in die Seitennummerierung mit einbeziehen.

Speziellere Aspekte der Formatierung von Seitenzahlen findest du im Kapitel *Umbrüche* (s. Punkt 4.7) – hier erfährst du, wie du für einzelne Textabschnitte unterschiedliche Seitenzählungen anlegst.

Textelemente einfügen

Soll auf jeder Seite der Arbeit dein Name, deine Matrikelnummer oder das Thema der Arbeit erscheinen, kannst du das in einem weiteren Menüpunkt festgelegen.

Neben der Schaltfläche für das Einfügen von Seitenzahlen findest du die Buttons für die Kopf- und Fußzeilen: Hier lassen sich verschiedene Vorlagen für Kopf- und Fußzeilenlayout anwählen und direkt ins Dokument einsetzen.

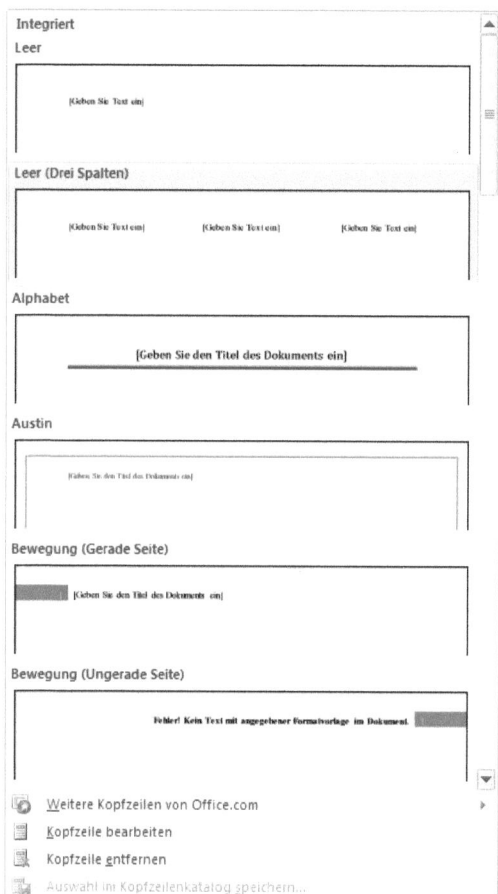

Abbildung 28: Layouts für Kopfzeilen

Nach dem Einfügen kommst du direkt ins Kopf- bzw. Fußzeilenmenü, wo du die Platzhaltertexte durch deine eigenen ersetzen kannst.

Sobald du in der Kopfzeile arbeitest, erscheint der Rest der Seite ausgegraut. Nur jetzt erscheint ein zusätzlicher Reiter, der dir weitere Kopf- und Fußzeilentools bietet. Durch Klicken in die Schaltfläche am äußersten rechten Rand schließt du die Ansicht und gelangst wieder zum Haupttext.

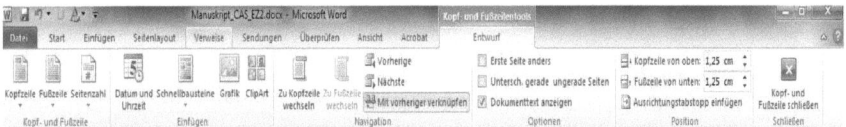

Abbildung 29: Registerkarte für Kopf- und Fußzeilentools

Übrigens:

Wenn du Seitenzahlen, Text und Ähnliches aus Kopf- und Fußzeile auf die Schnelle bearbeiten willst, hilft auch ein Doppelklick auf den oberen bzw. unteren Seitenbereich im Dokument. Hier gelangst du direkt ins betreffende Feld und hast sofort Zugriff auf die entsprechenden Inhalte.

4.4 Tabellen erstellen

Auch Tabellen kannst du unter der Registerkarte *Einfügen* beim Menüpunkt *Tabellen* direkt ins Dokument einsetzen.

Zeilen- und Spaltenanzahl lassen sich dabei direkt auf der Auswahlgrafik markieren und bestätigen – oder du gehst dazu auf den darunterliegenden Menüpunkt *Tabelle einfügen.*

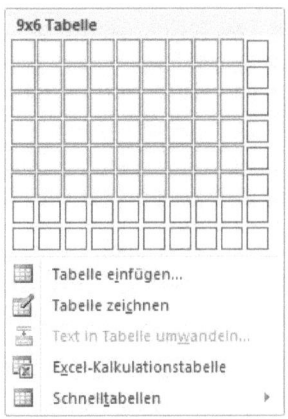

Abbildung 30: Tabelle einfügen

In diesem Menü hast du zusätzlich die Option, eine feste oder eine variable Spaltenbreite einzufügen, die sich am Inhalt orientiert und selbst aktualisiert.

Abbildung 31: Spalten, Zeilen und Breite festlegen

Achtung:

Auch Tabellen sollten, so wie Abbildungen, ordentlich beschriftet werden (s. Punkt 3.2), damit man sie später ins Tabellenverzeichnis mit aufnehmen kann.

Tipp:

Falls du beim Schreiben z. B. einer Liste merkst, dass der Text doch besser in einer Tabelle aufgehoben wäre, steht dir die Funktion *Text in Tabelle umwandeln* zur Verfügung. Das klappt vielleicht nicht immer auf Anhieb, aber durch Ausprobieren der verschiedenen Optionen kommst du oft schneller ans Ziel, als wenn du eine Tabelle komplett neu anlegst.

4.5 Fuß- und Endnoten einfügen

Ob die Zitation über Fuß- oder Endnoten erfolgt, hängt in erster Linie von der geforderten Zitationsweise und somit von Fach- oder Institutsvorgaben ab. Aber auch bei der direkten Zitierweise im Text können Fußnoten für weitere Anmerkungen hilfreich sein. Dabei werden Fußnoten direkt am Seitenende, Endnoten am Ende eines Dokumentes platziert.

Auf dem Reiter *Verweise* kannst du sie schnell und problemlos einfügen. Gehe ans Ende des Satzes oder Wortes, wo der Verweis erscheinen soll, und wähle die entsprechende Schaltfläche an. Sofort wird im Text eine hochgestellte Zahl eingefügt, der Cursor springt in die Fuß- oder Endnote, wo du den gewünschten Text platzieren kannst.

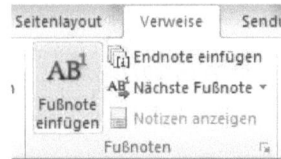

Abbildung 32: Fuß- und Endnoten einfügen

Durch einen Klick auf den Pfeil rechts unten lassen sich benutzerdefinierte Einstellungen vornehmen: Hier kannst du die Optik der End- und Fußnotenverweise bestimmen.

Tipp:

Wer im Dokument Abschnittswechsel gesetzt hat (s. 4.7), kann auch Fußnoten am Ende eines Abschnitts oder Kapitels platzieren.

Abbildung 33: Erweitertes Menü für Fuß- und Endnoten

Ungemein praktisch: Falls alle Verweise richtig gesetzt sind, aktualisiert sich die Nummerierung der Fuß- und Endnoten im Text automatisch – selbst wenn Text innerhalb eines Dokuments verschoben wird.

4.6 Indexeinträge erstellen

Gerade bei umfangreicheren akademischen Texten wie beispielsweise Dissertationen hilft ein Index am Ende des Dokuments bei der Orientierung. Dafür lässt sich ein Stichwort-, Namens- oder Ortsregister am Schluss der Arbeit anlegen, wo unter dem betreffenden Eintrag alle wichtigen Stellen mit Seitenangabe zu finden sind.

Am besten legst du zunächst die wichtigsten Stichwörter fest, die im Index auftauchen sollen. Markiere nun das jeweils gewünschte Stichwort in deinem Text. Auf der Registerkarte *Verweise* findest du den Menüpunkt *Index*; gehe dort auf *Eintrag festlegen*. Ganz Eilige verwenden die Tastenkombination *Alt + Shift + X*.

Abbildung 34: Indexeintrag festlegen

Nun kannst du entscheiden, ob jede Seite im Index erscheinen soll, auf der dieser Begriff auftaucht. Falls ja, wählst du im Menüfenster nun einfach *Alle festlegen*. Bei der Einstellung *Festlegen* kannst du für jede einzelne Erwähnung des Begriffes bestätigen, ob die dazugehörige Seite im Index später auftauchen soll oder nicht. Über die Kategorie *Untereintrag* kannst du die Textstelle auch in einer bestimmten Unterkategorie unter dem Haupt-Stichwort laufen lassen. Mit dem Eintrag im Feld *Querverweis* kannst du die Textstelle auch einem anders lautenden Indexeintrag zuweisen – ideal, wenn man nicht jedes Synonym und jedes sinnverwandte Wort einzeln im Index aufführen will. In der Gruppe *Index* wird im Anschluss über *Index einfügen* der Index erstellt.

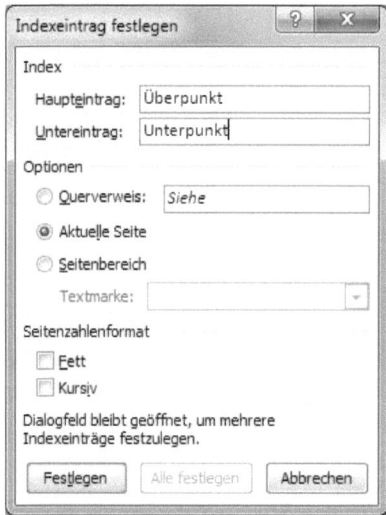

Übrigens:

Um im Index nicht nur einzelne Seiten, sondern einen gesamten Seitenbereich anzugeben, musst du mit Textmarken arbeiten (s. Punkt 5.2). Wenn du nun vor deine markierte Stelle klickst und einen neuen Indexeintrag festlegst, kannst du im neuen Fenster bei den Optionen den *Seitenbereich* festlegen. Im Dropdown-Menü kannst du die entsprechende Textmarke nun auswählen.

4.7 Seitenumbrüche und Abschnitte

Ein wichtiges Thema beim Strukturieren wissenschaftlicher Arbeiten sind die verschiedenen Umbruchtypen. Ein normaler Seitenumbruch ist schnell erzeugt: Entweder verwendest du die Tastenkombination *Strg + Enter* oder du klickst auf der Registerkarte *Seitenlayout* den Punkt *Umbrüche* an und wählst *Seite*.

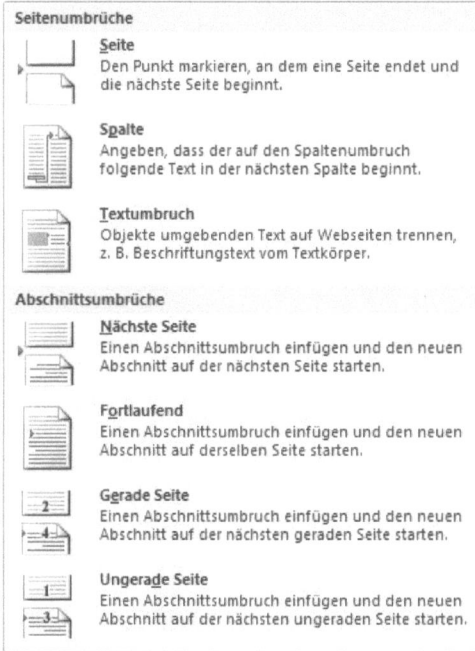

Abbildung 35: Umbrüche

Hier findest du auch die sogenannten *Abschnittsumbrüche*. Diese sind bei wissenschaftlichen Arbeiten vor allem dann von Bedeutung, wenn die Seitenzahlen des Inhaltverzeichnisses anderes formatiert werden sollen als die des Lauftextes, oder wenn die Seitenzahl irgendwo erneut bei 1 beginnen soll.

Außerdem sind Abschnittswechsel nötig, falls man z. B. zwischendrin Seiten im Querformat einfügen möchte, also immer dann, wenn ein bestimmter Teil des Textes anders formatiert werden soll. Besonders nützlich ist bei akademischen Texten der Abschnittsumbruch *Nächste Seite*. Um die genaue Verwendung zu erklären, zeigen die folgenden beiden Kapitel, wie man Seitenzahlen mit Hilfe dieser Funktion formatiert und wie eine Querseite eingefügt wird.

Seitenzahlen einfügen und formatieren

Wie schon unter 4.3 gezeigt, fügst du Seitenzahlen ein, indem du auf der Registerkarte *Einfügen* im Menüpunkt *Kopf- und Fußzeile* das Dropdown-Menü *Seitenzahl* öffnest und die gewünschte Position auswählst.

Abbildung 36: Seitenzahl einfügen

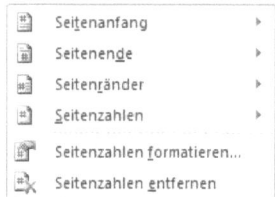

Abbildung 37: Position der Seitenzahl wählen

Erweiterte Einstellungen kannst du unter *Seitenzahlen formatieren* vornehmen. Dort kannst du auch einstellen, mit welcher Zahl begonnen werden soll. Und jetzt kommt der Abschnittswechsel ins Spiel.

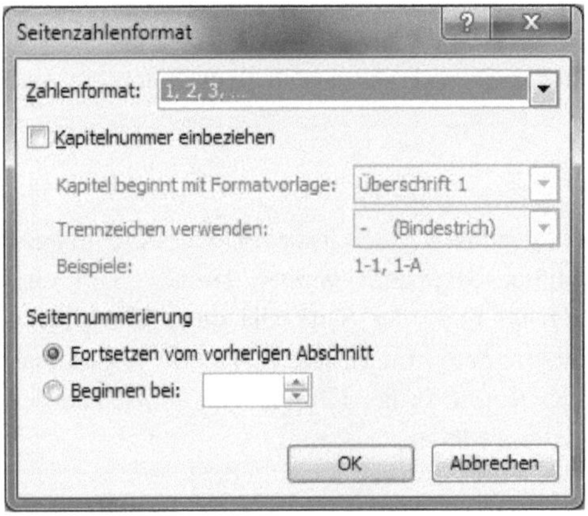

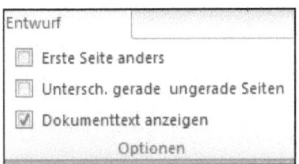

Abbildung 38: Seitenzahlen formatieren

Tipp:

Falls du nur das Titelblatt ohne Seitenzahl formatieren möchtest, brauchst du nicht extra einen Abschnittswechsel einfügen. Dafür genügt es, das Häkchen bei *Erste Seite anders* zu setzen. Du findest diese Funktion auf dem Reiter *Entwurf*, wenn du dich in der Fußzeile befindest.

Abbildung 39: Erste Seite anders

Wenn du beispielsweise nach deinen Verzeichnissen den Fließtext wieder mit der Seitenzahl 1 beginnen möchtest, fügst du zuvor einen Abschnittsumbruch *Nächste Seite* ein. Im Anschluss klickst du in die Fußzeile desjenigen Abschnitts, dessen Seitenzahlen neu beginnen sollen, und deaktivierst die Option *Mit vorheriger verknüpfen*. Danach kannst du die Seitenzahlen unabhängig vom vorhergegangenen Abschnitt formatieren.

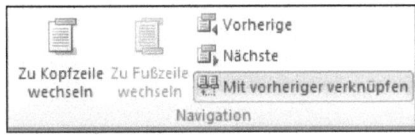

Abbildung 40: Mit vorheriger verknüpfen

Übrigens:

Die Option *Seitenzahl formatieren* öffnet sich auch mit einem Rechtsklick auf eine bereits eingefügte Seitenzahl.

Seite im Querformat einfügen

Bei wissenschaftlichen Arbeiten werden manchmal große Tabellen oder Abbildungen benötigt, die nur im Querformat optimal dargestellt werden können. Um eine Querseite einzufügen, setzt du vor und am Ende der Seite, die du umformatieren möchtest, einen Abschnittsumbruch *Nächste Seite*. Im Anschluss kannst du die Seite anklicken und auf der Registerkarte *Seitenlayout* in der Gruppe *Seite einrichten* den Punkt *Ausrichtung* anklicken und *Querformat* wählen.

Abbildung 41: Seite einrichten

Abbildung 42: Format wählen

5 Verweise und Verlinkungen

5.1 Querverweise

Die folgenden zwei Kapitel sind interessant, falls du deine wissenschaftliche Arbeit als Datei (PDF/Word) abgeben musst. In gedruckten Dokumenten sind aktive Querverweise und Hyperlinks nicht wichtig.

Du fügst einen Querverweis ein, indem du auf der Registerkarte *Verweise* unter *Beschriftungen* den Punkt *Querverweis* anklickst. Danach öffnet sich folgendes Fenster:

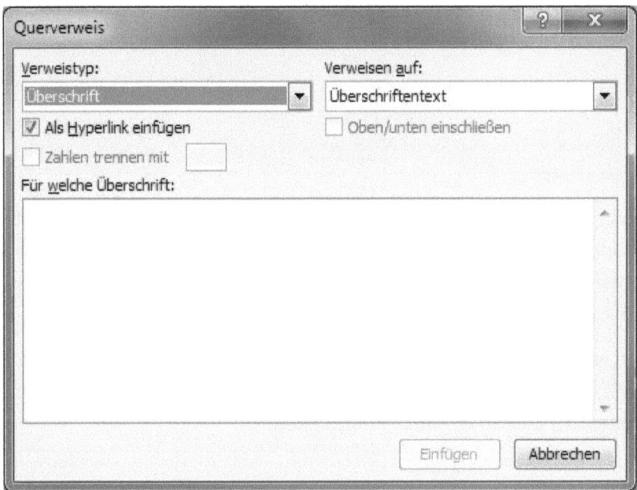

Abbildung 43: Querverweis einfügen

Im Dropdown-Menü *Verweistyp* kannst du auswählen, auf was du verweisen möchtest. In wissenschaftlichen Arbeiten werden das am häufigsten Überschriften, Abbildungen oder Tabellen sein. Es stehen aber auch andere Optionen zur Verfügung. Nachdem du den Verweistyp gewählt hast, erscheinen Vorschläge, die im Dokument enthalten sind. Im Falle des Verweistyps *Überschrift* sind das alle Überschriften des Textes. Durch Anklicken kannst du die Überschrift wählen, auf die du verweisen möchtest.

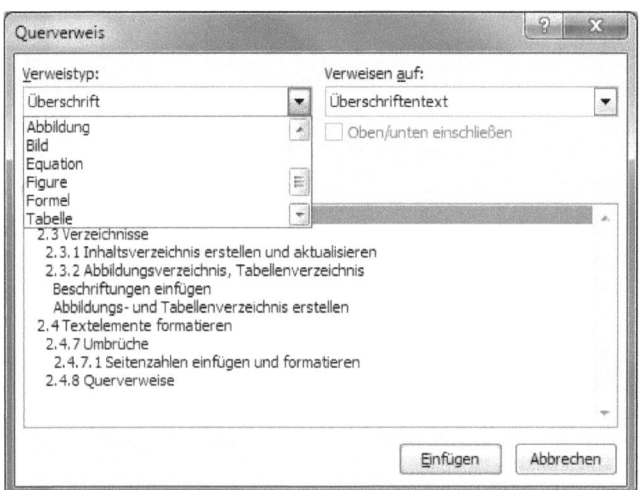

Abbildung 44: Verweistyp auswählen

Nachdem du den Verweistyp festgelegt hast, kannst du im Dropdown-Menü *Verweisen auf* auswählen, was genau im Text erscheinen soll. Beim Verweistyp *Überschrift* stehen beispielsweise die Auswahlmöglichkeiten *Überschriftentext, Seitenzahl, Überschriftennummer, Überschriftenzahl* und *oben/unten* zur Verfügung.

Die eingefügten Querverweise helfen dir und dem Leser, innerhalb des Dokumentes hin- und herzuspringen. Das folgende Kapitel befasst sich im Gegensatz dazu mit Hyperlinks, die auch aus dem Dokument hinausführen können.

Abbildung 45: Darstellung des Verweises wählen

5.2 Hyperlinks einfügen

Mit Hilfe von Hyperlinks kannst du auf Überschriften und Textmarken in anderen Dokumenten, aber auch im aktuellen Dokument verweisen. Außerdem kannst du auf neue Dokumente, die du sofort oder später erstellst, auf Homepages und E-Mail-Adressen verweisen.

Textmarke erstellen

Falls du auf Textmarken verweisen möchtest, musst du diese zunächst erstellen. Markiere dazu den Teil des Textes oder das Element, wo du eine Textmarke setzen möchtest. Im Anschluss musst du auf der Registerkarte *Einfügen* in der Gruppe *Hyperlinks* den Punkt *Textmarke* anklicken und einen Namen eingeben.

Übrigens:

Der Textmarkenname muss mit einem Buchstaben beginnen und darf keine Leerzeichen enthalten.

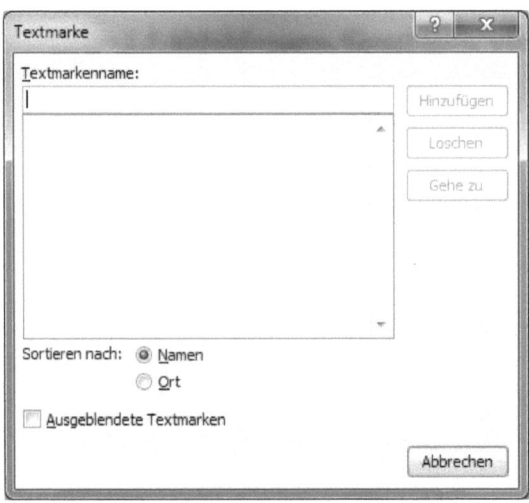

Abbildung 46: Textmarke einfügen

Hyperlink zu Textmarken und Überschriften im aktuellen Dokument erstellen

Um Hyperlinks zu Textmarken und Überschriften im aktuellen Dokument zu erstellen, musst du die Textstelle markieren, an der der Hyperlink erzeugt werden soll. Klicke dann auf der Registerkarte *Einfügen* in der Gruppe *Hyperlinks* auf *Hyperlink*. Im folgenden Fenster kannst du dann erweiterte Einstellungen vornehmen.

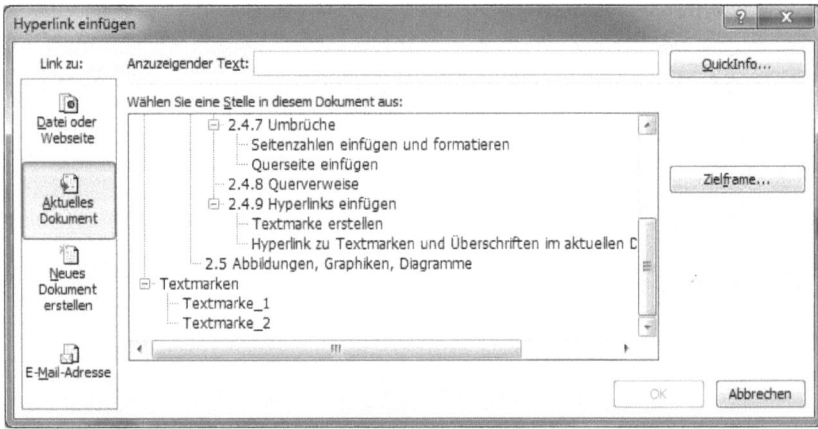

Abbildung 47: Hyperlink zu aktuellem Dokument erstellen

Wähle links *Aktuelles Dokument* und eine Stelle im Dokument aus, auf die du verweisen möchtest. Zur Auswahl stehen die Überschriften und die gesetzten Textmarken. Im Feld *Anzuzeigender Text* könntest du auch diesen bearbeiten.

Übrigens:

Mit der Option *QuickInfo* kannst du festlegen, welcher Text angezeigt wird, sobald der Mauszeiger auf das mit einem Hyperlink versehene Wort zeigt.

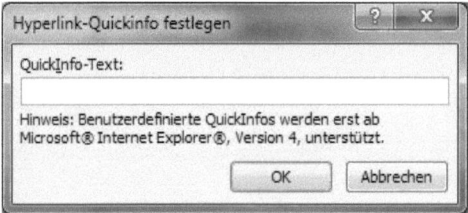

Abbildung 48: QuickInfo-Text erstellen

Hyperlink zu Dateien oder Webseiten

Um Hyperlinks zu anderen Dateien oder Webseiten zu erzeugen, musst du im Fenster *Hyperlink einfügen* die Auswahl *Datei oder Webseite* treffen. Danach kannst du entweder die Ordner durchsuchen und eine Datei wählen oder eine Internetadresse eingeben. Als Hilfestellung kannst du dir die besuchten Webseiten anzeigen lassen.

Übrigens:

Falls du eine Datei auswählst, in der Textmarken gesetzt sind, kannst du direkt auf diese verweisen, indem du sie mit Hilfe des Menüpunkts *Textmarke* aufrufst, nachdem du die entsprechende Datei ausgewählt hast.

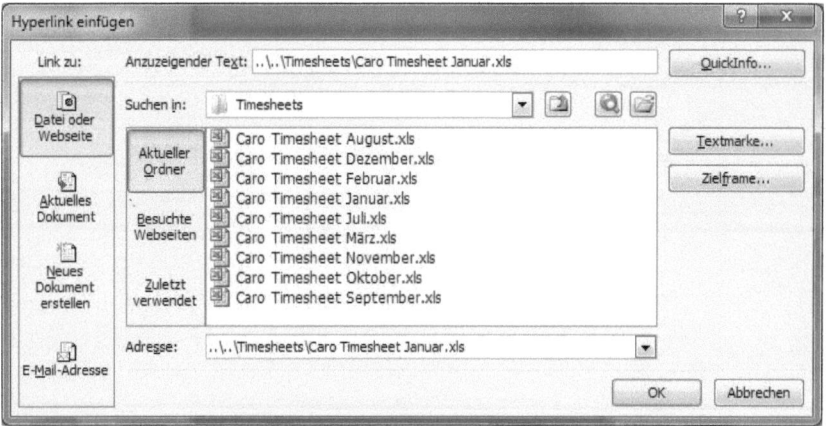

Abbildung 49: Hyperlink zu Dokumenten oder Webseiten erstellen

Hyperlink für eine E-Mail-Adresse erstellen

Neben den Standardvarianten, die bereits vorgestellt wurden, besteht auch die Möglichkeit, einen Hyperlink für eine E-Mail-Adresse zu setzen. Dazu musst du im Fenster *Hyperlink einfügen* die Option *E-Mail-Adresse* wählen. Im Anschluss öffnet sich ein Fenster, in das du die E-Mail-Adresse sowie einen Betreff eintragen kannst.

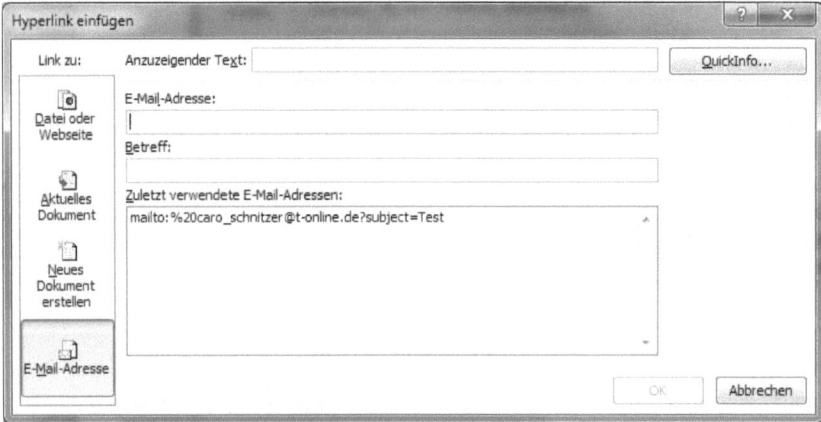

Abbildung 50: Hyperlink für eine E-Mail-Adresse

Hyperlink für ein neues Dokument

Eine weitere Option, die du im Fenster *Hyperlink einfügen* wählen kannst, ist *Neues Dokument erstellen*. Mit Hilfe dieses Fensters kannst du auf neue Dokumente verweisen, die du sofort oder auch später bearbeiten kannst.

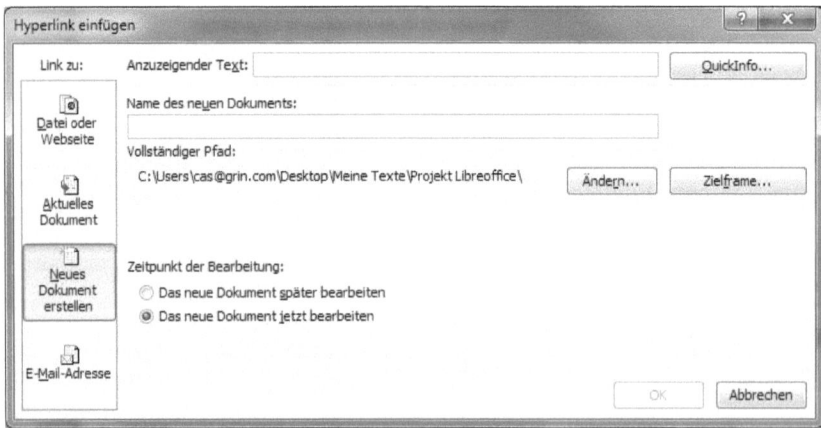

Abbildung 51: Hyperlink für neues Dokument erstellen

Einfache Eingabe einer URL

Der einfachste Weg, einen Hyperlink zu erzeugen, ist, eine URL (z.B. www.google.de) in ihrer gewöhnlichen Form einzugeben und ein Leerzeichen danach zu setzen. Word erzeugt dann automatisch einen Hyperlink, sofern in den Word-Optionen, die du auf der Registerkarte *Datei* auswählen kannst, das Häkchen bei *Internet- und Netzwerkpfade durch Hyperlinks* gesetzt ist. Die entsprechende Einstellungsmöglichkeit erreichst du unter dem Menüpunkt *Dokumentprüfung* ➜ *AutoKorrektur-Optionen* ➜ *AutoFormat während der Eingabe*.

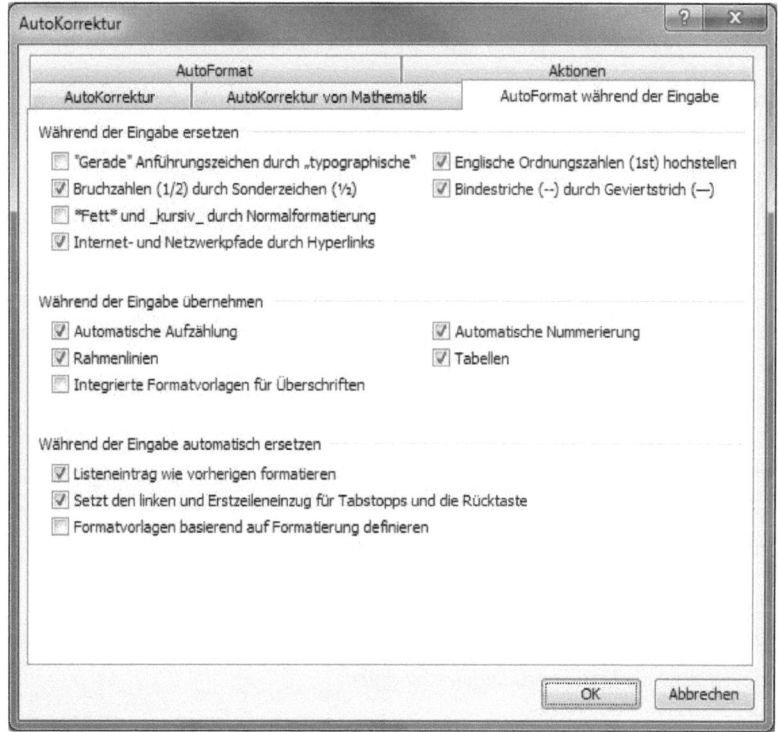

Abbildung 52: Automatische Hyperlinks

Übrigens:

Wenn du einen einzelnen Hyperlink entfernen möchtest, reicht es, direkt nach der Eingabe die Tastenkombination *Strg + Z* zu drücken. Um alle Hyperlinks nachträglich zu entfernen, musst du mit *Strg + A* den gesamten Text markieren und anschließend *Strg + Shift + F9* drücken.

6 Abbildungen, Grafiken, Diagramme

6.1 Bilder einfügen und bearbeiten

In vielen wissenschaftlichen Arbeiten werden Abbildungen, Grafiken und Diagramme benötigt. Hier findest du die wichtigsten Hinweise zum Einbau und Erzeugen solcher grafischen Elemente in Word.

Tipp

Unserer Erfahrung nach sind Abbildungen, die aus vielen kleinen Elementen bestehen (z.B. Pfeilen, Textfeldern, Formen usw.), in Word ziemlich instabil. Falls du auf solche Darstellungen nicht verzichten möchtest oder kannst, solltest du immer die gesamte Grafik als ein Bild abspeichern und dann in Word einfügen. Ein einfaches Werkzeug dafür ist das *Snipping Tool* von Windows, mit dem du jeden beliebigen Teil des Bildschirms abfotografieren und als Bild speichern kannst – sehr praktisch. Dann einfach als Bild in Word einfügen.

Bilder einfügen

Um ein Bild einzufügen, musst du auf der Registerkarte *Einfügen* in der Gruppe *Illustrationen* den Punkt *Grafik* wählen. Im Anschluss kannst du den Ordner und die Grafik wählen, die du einfügen möchtest. Durch einen Doppelklick wird das Bild direkt eingefügt.

Abbildung 53: Die Gruppe Illustrationen

Falls du das Bild lediglich verknüpfen und nicht fest in dein Dokument einbauen möchtest, öffne das Dropdown-Menü neben dem Punkt *Einfügen* (kleiner Pfeil). Danach wählst du die Option *Mit Datei verknüpfen*.

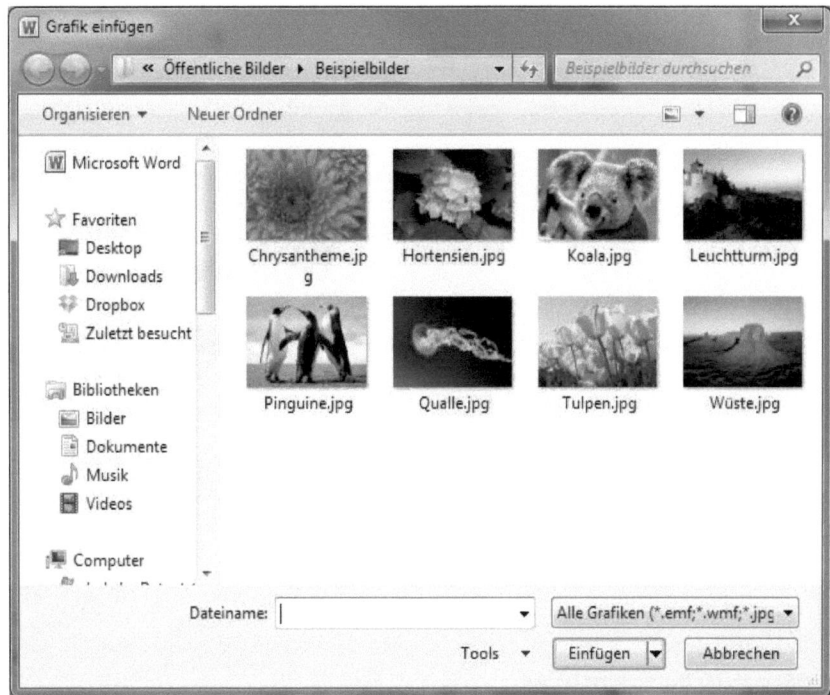

Abbildung 54: Bilder einfügen

Achtung:

Verknüpfte Bilder werden nur solange richtig angezeigt, wie der Speicherort der Grafik unverändert bleibt. Solche Dokumente sind nicht zum Verschicken geeignet, da die Bilder nicht mitgeschickt werden.

Bilder bearbeiten

Eingefügte Bilder kannst du im Reiter *Format* bearbeiten. Dieser erscheint allerdings nur, wenn du ein Bild angeklickt hast.

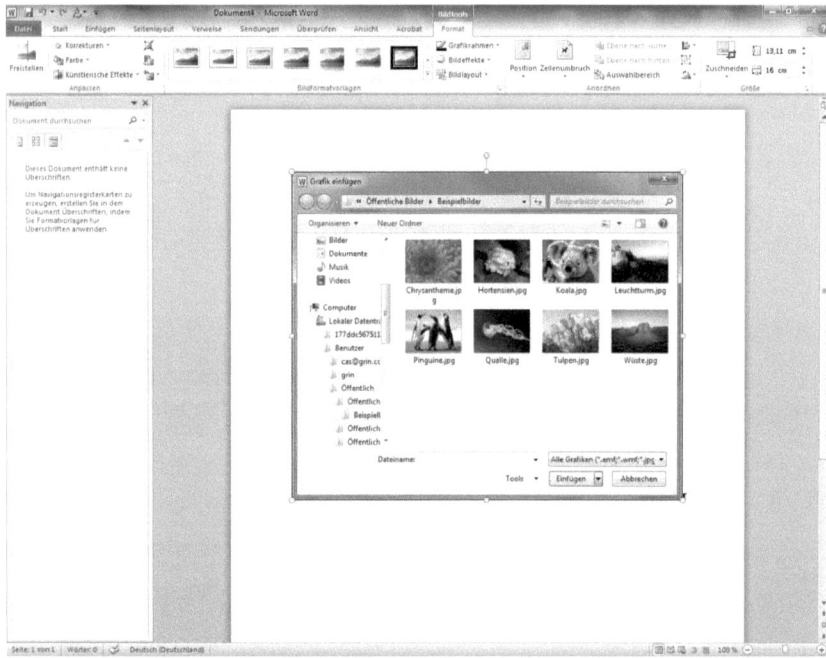

Abbildung 55: Die Registerkarte Format

Die einzigen Bearbeitungsmöglichkeiten, die für wissenschaftliche Arbeiten sinnvoll sind, sind das Zuschneiden und Anpassen der Größe, die Position und eventuell der Zeilenumbruch.

Die Größe einer Grafik kannst du auf der Registerkarte *Format* in der Gruppe *Größe* anpassen. Dort kannst du sowohl den Maßstab ändern als auch das Bild zuschneiden.

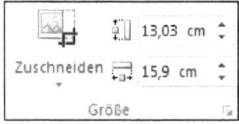

Abbildung 56: Größe anpassen

Die Position und der Zeilenumbruch können ebenfalls auf der Registerkarte *Format* in der Gruppe *Anordnen* verändert werden. Öffne einfach die Dropdown-Menüs und wähle die gewünschte Position oder den gewünschten Zeilenumbruch.

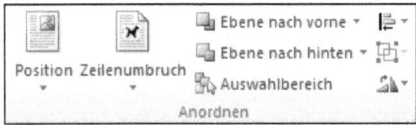

Abbildung 57: Position und Zeilenumbruch verändern

Abbildung 58: Position verändern

Abbildung 59: Zeilenumbruch anpassen

Tipp:

Graphische Gestaltungen wie künstlerische Effekte oder Farbspielereien sind in wissenschaftlichen Texten meist fehl am Platz – abhängig vom Fachbereich.

6.1 Diagramme einfügen und bearbeiten

Wenn du in deiner Arbeit mit Zahlen hantierst, z. B. Auswertungen vornimmst oder mit Statistiken arbeitest, sind Diagramme ein gutes Mittel, um die Ergebnisse übersichtlich darzustellen.

Tipp:

Achte darauf, dass du die Achsen systematisch formatierst. Die Prüfer sehen es nicht gerne, wenn eine Arbeit verschiedene Diagramme enthält, von denen eine bei einem Maximum von 5 und die nächste bei 500 endet. Da können ganz unterschiedliche Ergebnisse auf den ersten Blick fälschlicherweise ein sehr ähnliches Bild erzeugen. In diesem Beispiel haben Hotel 1 und Hotel 2 nicht mal annähernd die gleichen Besucherzahlen – auch wenn es auf den ersten Blick so aussieht:

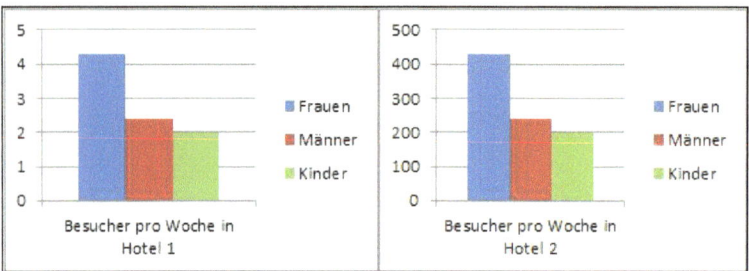

Abbildung 60: Achtung bei den Achsenformatierungen: So bitte nicht!

Diagramm einfügen

Ein Diagramm fügst du über die Registerkarte *Einfügen* in der Gruppe *Illustrationen* ein. Klicke einfach auf *Diagramm* und wähle die gewünschte Darstellung. Die ersten vier Vorschläge (Säule, Linie, Kreis und Balken) werden am häufigsten verwendet und sind auch durchaus sinnvoll. Probiere aber ruhig ein paar Optionen aus, bevor du dich endgültig entscheidest.

Abbildung 61: Die Gruppe Illustrationen

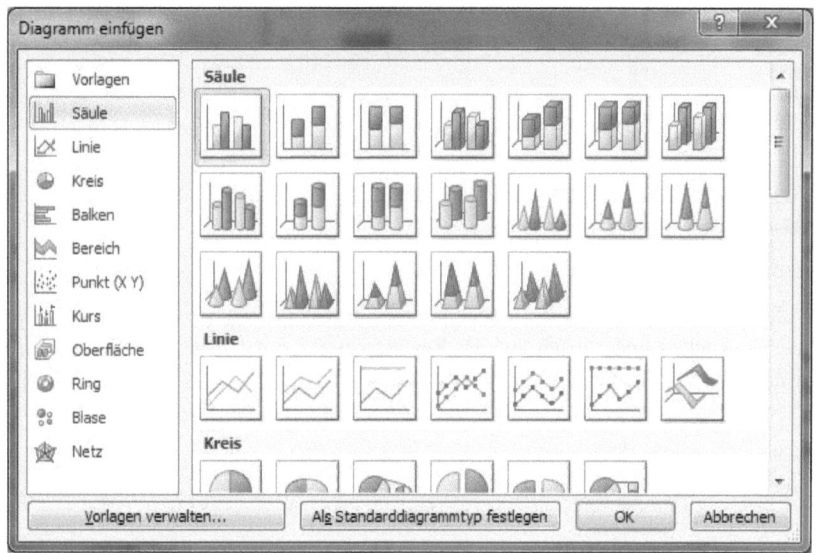

Abbildung 62: Diagramm einfügen

Nachdem du deine Wahl getroffen hast, erscheint das Diagramm in Word, parallel wird ein Excel-Sheet geöffnet, in dem du die Zahlen und die Beschriftungen bearbeiten kannst.

Falls du ein Diagramm nachträglich bearbeiten möchtest, kannst du dies auf der Registerkarte *Diagrammtools* (Entwurf, Layout und Format).

Die wichtigsten Optionen sind das Bearbeiten der Daten und das Formatieren der Datenreihen und Achsen.

Daten formatieren

Um die Daten zu formatieren, wählst du lediglich auf der Registerkarte *Entwurf* in der Gruppe *Daten* die Option *Daten bearbeiten*.

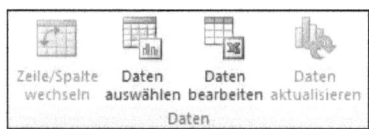

Abbildung 63: Die Gruppe Daten

In dem Excel-Sheet, das sich öffnet, kannst du deine Änderungen eintragen. Den Diagrammdatenbereich kannst du verändern, indem du an der rechten Ecke der Umrandung ziehst.

	Datenreihe 1	Datenreihe 2	Datenreihe 3
Kategorie 1	4,3	2,4	2
Kategorie 2	2,5	4,4	2
Kategorie 3	3,5	1,8	3
Kategorie 4	4,5	2,8	5

Ziehen Sie zum Ändern der Größe des Diagrammdatenbereichs die untere rechte Ecke des Bereichs.

Abbildung 64: Excel-Sheet zum Bearbeiten der Daten

Datenreihen formatieren

Um die Datenreihen zu formatieren, kannst du beispielsweise einen bestimmten Bereich anklicken und danach auf der Registerkarte *Layout* in der Gruppe *Aktuelle Auswahl* den Punkt *Auswahl formatieren* wählen.

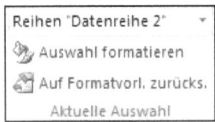

Abbildung 65: Die Gruppe Aktuelle Auswahl

Änderungen der Beschriftung kannst du ebenfalls auf der Registerkarte *Layout* in der Gruppe *Beschriftungen* durchführen. Zu den einzelnen Punkten gibt es jeweils ein Dropdown-Menü, dessen Unterpunkte selbsterklärend sind. Grundsätzlich solltest du so viele Informationen in dein Diagramm packen, dass es ohne Weiteres zu verstehen ist, aber es auch nicht überladen.

Abbildung 66: Die Gruppe Beschriftungen

Achsen formatieren

Neben der Formatierung der Datenreihen ist auch die individuelle Anpassung der Achsen wichtig. Dies ist auf der Registerkarte *Layout* in der Gruppe *Achsen* möglich. Wenn du das Dropdown-Menü des Menüpunktes *Achse* öffnest, kannst du zwischen der vertikalen und der horizontalen Achse wählen.

Abbildung 67: Die Formatierung der Achsen

Bei beiden Achsen besteht die Möglichkeit grundsätzlicher Formatierungen, wie der Anzeigerichtung, es gibt aber auch noch die Auswahlmöglichkeit *Weitere Optionen für horizontale/vertikale Primärachse...*

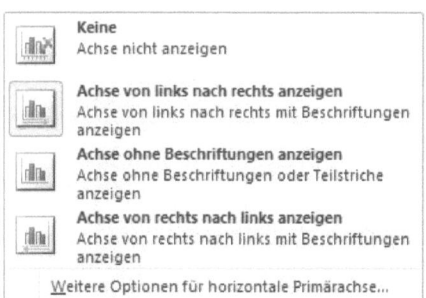

Abbildung 68: Erweiterte Achsenformatierung

Unter *Weitere Optionen für horizontale/vertikale Primärachse...* kannst du beim Punkt *Achsenoptionen* unter anderem den maximalen und den minimalen Wert manuell einstellen.

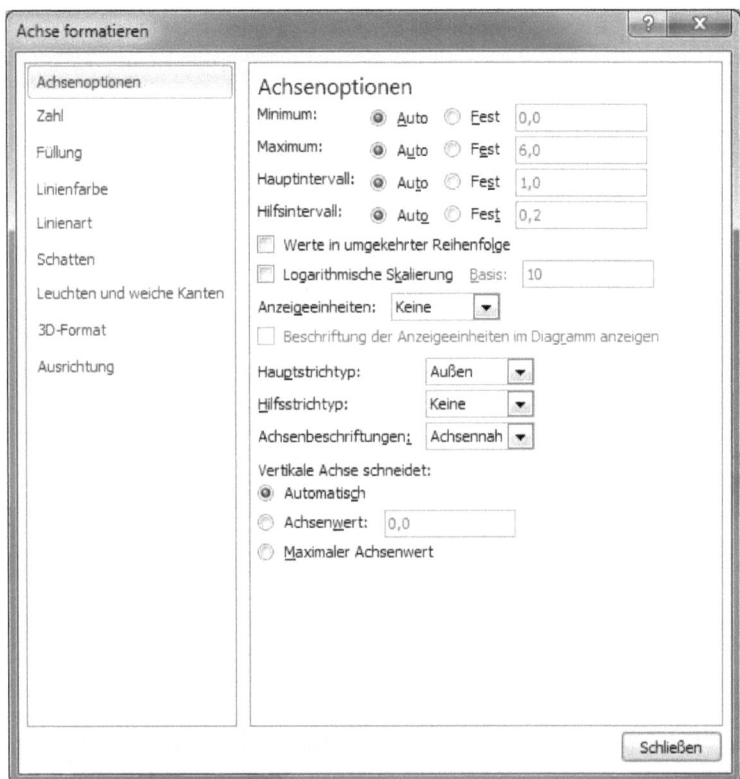

Abbildung 69: Achsenwerte manuell einstellen-

Tipp:

Falls dir diese Option nicht angezeigt wird, hast du vielleicht auf die falsche Achse geklickt. Die Auswahlmöglichkeit besteht nur bei derjenigen Achse, die Zahlenangaben enthält.

Die vielen anderen Einstellungsmöglichkeiten sind bei wissenschaftlichen Texten weniger interessant. Lediglich die Anpassung der Zahl kann wichtig sein, wenn du beispielsweise mit Währungen oder Datumsangaben arbeitest.

Abbildung 70: Zahlenkategorie wählen

7 Druckvorbereitung

7.1 Druckeinstellungen

Wenn die Arbeit endlich fertig ist – oder auch zur Kontrolle zwischendurch –, ist manchmal ein Ausdruck hilfreich. Word bietet dazu sehr einfache Möglichkeiten. Wähle auf dem Reiter *Datei* den Menüpunkt *Drucken*.

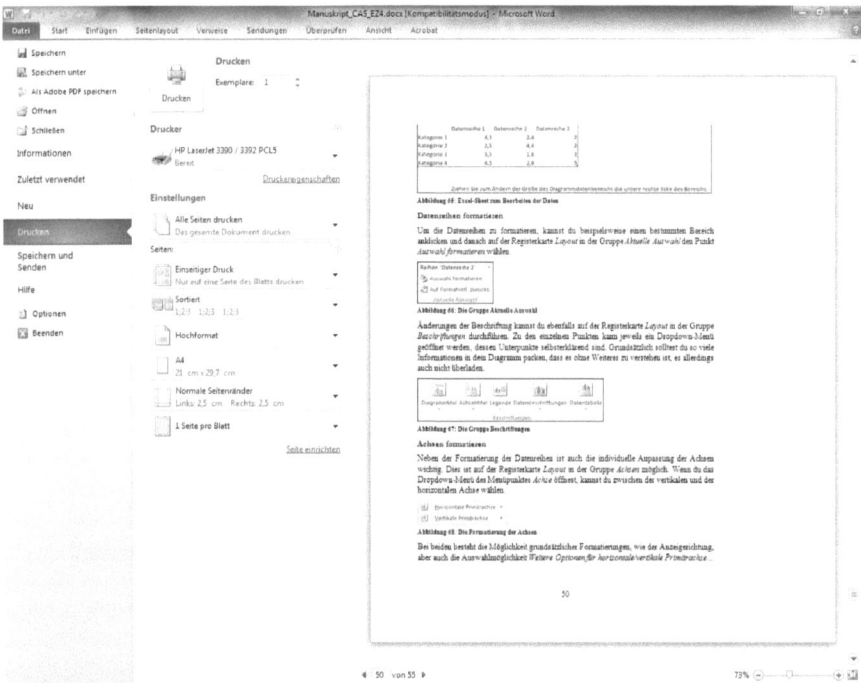

Abbildung 71: Druckoptionen

In diesem Fenster stehen sehr viele Anpassungsmöglichkeiten zur Verfügung. Wir beschränken uns hier allerdings auf die wichtigsten Optionen. Du kannst unter anderem:

- Einen installierten Drucker auswählen.

- Die Anzahl der Exemplare bestimmen.

- Einseitig oder beidseitig drucken – je nach Möglichkeiten des Druckers.

- Zwischen Hoch- und Querformat wählen.

- Mehrere Seiten pro Blatt drucken.

Wenn du nur einen bestimmten Teil deines Textes drucken möchtest, kannst du dies im Dropdown-Menü *Alle Seiten drucken* einstellen. Dort kannst du alternativ zum ganzen Dokument auch die *aktuelle Seite* oder einen *benutzerdefinierten Bereich* drucken.

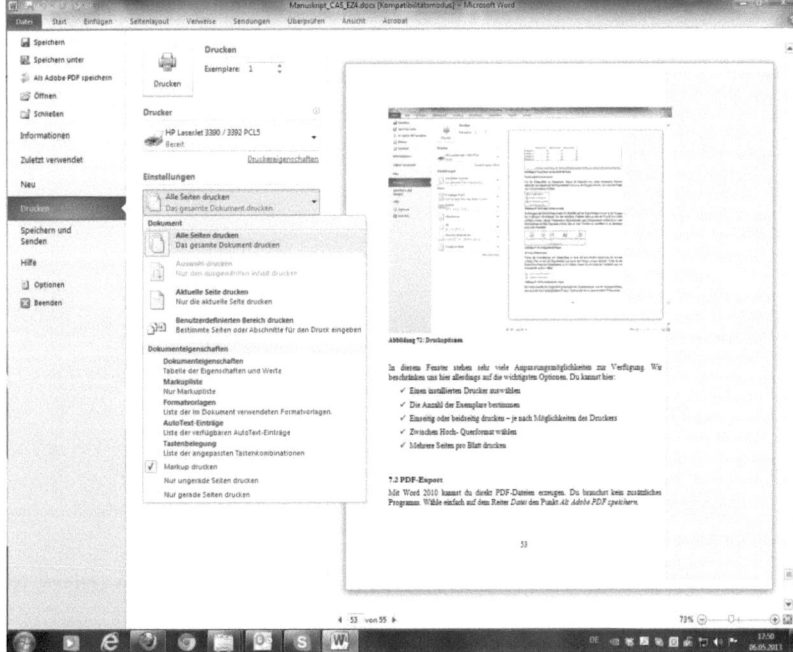

Abbildung 72: Textteile drucken

7.2 PDF-Export

Mit Word 2010 kannst du ohne zusätzliches Programm direkt PDF-Dateien erzeugen. Wähle einfach auf dem Reiter *Datei* den Punkt *Als Adobe PDF speichern*.

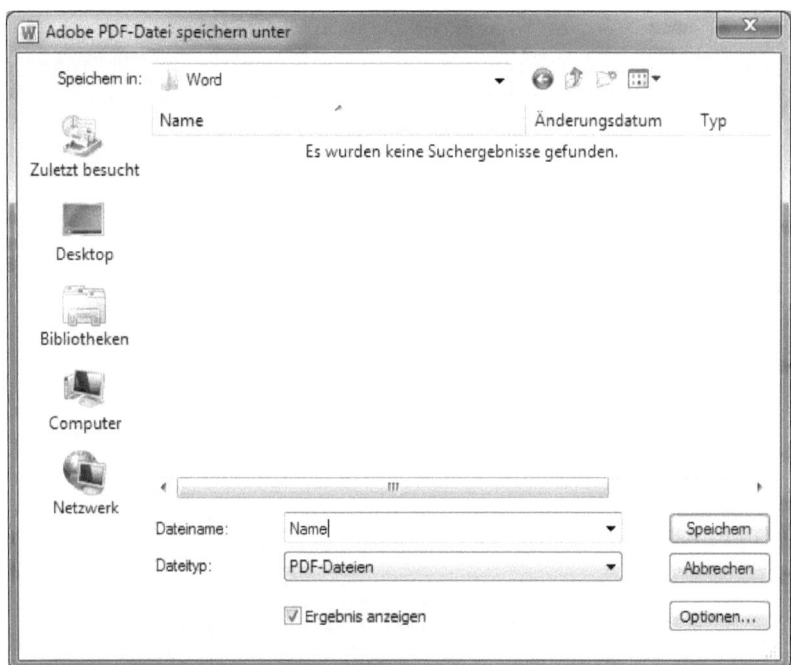

Abbildung 73: Als Adobe PDF speichern

Damit alle Schriften und Sonderzeichen im PDF richtig dargestellt werden können, ist es wichtig, dass du deine Schriften einbettest. Gehe dazu auf den Reiter *Datei* und wähle den Menüpunkt *Optionen*. Setze einfach das Häkchen bei *Schriftarten in der Datei einbetten*. Diesen Punkt findest du unter *Speichern*.

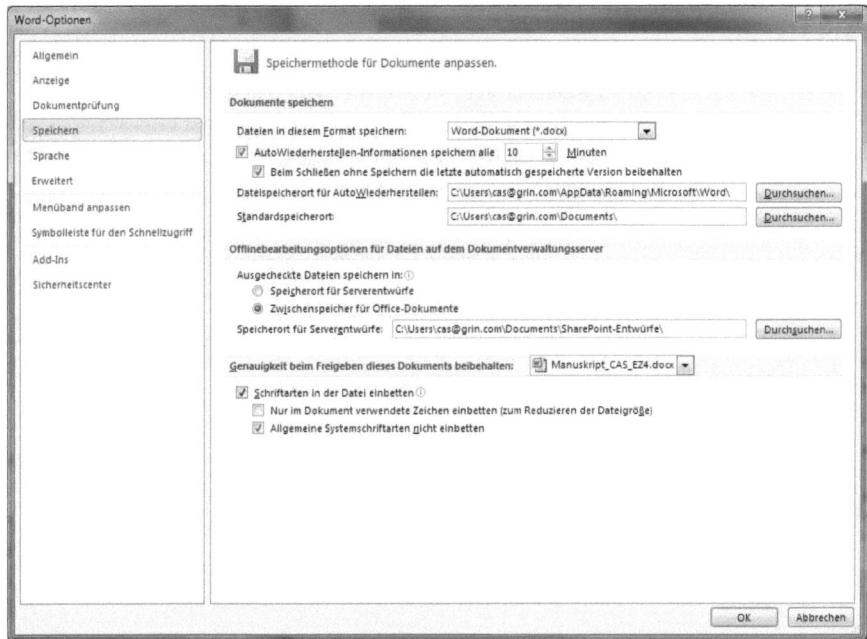

Abbildung 74: Schriftarten einbetten

Übrigens:

Die Schriften werden erst eingebettet, nachdem du das Dokument ein weiteres Mal gespeichert hast.

Fazit

Wir hoffen, dass dir dieser Ratgeber alle wichtigen Funktionen und einige zusätzliche Tricks zeigt, die du zum Schreiben und Formatieren deiner Arbeiten brauchst – ganz egal, ob Hausarbeit, Abschlussarbeit oder wissenschaftlicher Text.

Falls du irgendetwas vermissen solltest oder einen Trick gefunden hast, der das Formatieren noch schneller, schöner oder einfacher macht – immer her damit. Bitte schicke uns einfach eine Mail mit dem Titel des Buches als Betreff an info@grin.com und wir nehmen deinen Tipp vielleicht schon in die nächste Ausgabe auf.

Also am Besten gleich ran ans Werk, und viel Erfolg für die nächste Haus- oder Abschlussarbeit!